PLACE DU VAT PRAKEO A BANGKOK

LE SIAM

I

Le Siam (1) qui, dans la langue du pays, s'appelle royaume des *Thaï* ou des « Hommes libres », est situé au centre de l'Indo-Chine. Il a pour bornes, au nord, le Luang-Prabang et les États birmans; à l'est, l'Annam et le Cambodge; au sud, le golfe de Siam; à l'ouest, le fleuve de Salouen et le Ténasserim avec le Pégou qui le séparent de la Barmanie proprement dite. Sa partie intérieure est formée par une immense vallée au fond de laquelle coule la *Ménam* ou « Mère des eaux », dont les deux branches constitutives sont la Ménam-Yaï, ou Mé-Ping, à l'ouest, et la Ménam-Phé, à l'est. La Mère des eaux assure la fécondité du pays par ses inondations régulières. Le territoire siamois est traversé par des chaînes de montagnes dont la direction est la même qu'en Barmanie. Ces hauteurs sont encore aujourd'hui habitées en plusieurs endroits par des populations sauvages avec lesquelles les Européens n'ont eu presque aucun contact. Elles ont fait, toutefois, en ces dernières années, l'objet d'im-

(1) Voir L. Fournereau, *Le Siam ancien*, archéologie, épigraphie, géographie, t. XXVII des Annales du Musée Guimet (Paris, Leroux), ouvrage considérable et faisant autorité. Voir aussi L. Fournereau, *Les villes mortes du Siam*. (*Tour du monde*, 24 juillet 1897 et suiv.) A consulter également les ouvrages de sir John Bowring, de Decugis et du marquis de Beauvoir. (Librairie Plon.)

portantes explorations, telles que celles de Bastian, de Mouhot, de Carl Bock, de Neïs, de Harmand, de Colquhoun, etc. Quelques-unes, principalement dans la région du Laos (1), sont, d'ailleurs, d'un accès difficile, à cause des forêts qui les couvrent.

Ce furent les Portugais qui débarquèrent les premiers à Siam, au seizième siècle. Les Français n'y pénétrèrent que longtemps après. Nos pionniers furent des missionnaires (2) auxquels la cour de Rome, puis celle de Versailles, prêtèrent leur appui. Mais Colbert avait d'autres visées sur cette partie de l'Indo-Chine, où il voulait supplanter la prépondérance maritime hollandaise et barrer le chemin aux ambitions britanniques. L'habile ministre, en vue d'étendre le prestige de la France dans l'Extrême-Orient, ouvrit des négociations avec Constance Phaulkon, un aventurier grec, qui était devenu le conseiller intime du roi de Siam Naraï et le véritable chef du gouvernement. Phaulkon, de son côté, cherchant un appui, envoya des ambassadeurs à Versailles. Il ne s'agissait de rien moins que d'organiser à la fois une croisade religieuse et une conquête militaire. Ces deux buts auraient sans doute été atteints si les personnages, laïques et religieux, qui faisaient partie de l'ambassade française, envoyée au Siam, n'avaient, par leurs dissensions, excité la défiance des Siamois (3). Une révolution du palais, semblable à celles qui s'étaient succédé à Siam, depuis les temps lointains, sous toutes les dynasties régnantes, renversa Phaulkon. Celui-ci fut massacré, et les Français, bloqués dans la capitale, durent capituler (4). Les Portugais, les Hollandais et les Anglais reprirent alors tour à tour la trame de leurs intrigues; mais, jusqu'en 1820, les rapports du Siam avec l'Europe manquèrent d'activité, aucune nation n'ayant, pour des raisons diverses, repris le projet de Louis XIV. Toutefois, chacune des puissances européennes avec lesquelles est entrée depuis une vingtaine d'années en concurrence l'Allemagne, s'efforça d'accroître son influence commerciale, et les Américains, à leur tour, ne s'en firent pas faute.

Les relations entre la France et le Siam devinrent plus suivies à partir de 1856, grâce à M. de Montigny, notre représentant à la cour siamoise, puis, en 1858, à son successeur, M. de Castelnau; cette bonne entente se poursuivit, en 1872, avec M. Brossard de Corbigny et, en 1882, avec M. de Chenclos. A plusieurs reprises, des mandarins siamois furent reçus à Paris, à l'Élysée, par le chef de l'État; des traités de commerce avantageux, conclus avec Bangkok, nous assuraient l'amitié du Siam. Mais les machinations de certains agents étrangers compromirent, un moment, ces dispositions pacifiques. La cour de Siam, en-

(1) Voir Et. Aymonier, *Voyage dans le Laos*, 2 vol. in-8°. (Paris, Leroux.)

(2) Entre autres le P. Alexandre de Rhodes. — Consulter à cet égard l'ouvrage de Mgr Pallegoix, *Description du royaume Thaï ou Siam*. (Paris, 1864, 2 vol. in-12.) Parmi ces missionnaires se trouvait également Nicolas Gervaise, à qui l'on doit une *Histoire naturelle et politique du royaume de Siam*. (Paris, 1688.) Envoyé ensuite en Amérique, il y fut massacré par les Caraïbes. (C. S.)

(3) Voir à cet égard les *Mémoires* très curieux de l'abbé de Choisy et son *Journal du voyage de Siam*. (Paris, 1687, in-4°.) Voir aussi les *Mémoires* du P. Tachard.

(4) Voir sur Phaulkon et son époque le beau travail de M. L. Lanier, *Etude historique sur les relations entre la France et le royaume de Siam de 1662 à 1670*. (Paris, Leroux.) C'est le document le plus approfondi que nous ayons sur cette période si importante de notre histoire coloniale. Voir aussi l'article de M. Lanier sur le Siam dans ses excellentes *Lectures géographiques*. (Paris, Belin frères.)

couragée par ces appuis, empiéta peu à peu sur les territoires français de la rive gauche du Mékong, et ces faits, accompagnés de vexations infligées à nos nationaux, dont quelques-uns furent massacrés par des Siamois, donnèrent lieu à des représentations, puis à une action navale. En 1893, l'amiral Humann reçut l'ordre de pénétrer dans l'estuaire de la Ménam, de bloquer le golfe et la capitale avec pouvoir de bombarder la ville, si nos réclamations n'étaient pas entendues. Il n'en fallut pas davantage pour amener aussitôt le roi de Siam et ses conseillers à une politique plus sage. Les garanties et les réparations exigées par le gouvernement français furent accordées, et l'on convint, de part et d'autre, de faire régler, par une commission de délimitation, la question des frontières réciproques dans le Laos (1).

II

Le Siam est un pays riche en mines d'or, de fer, de plomb, de cuivre

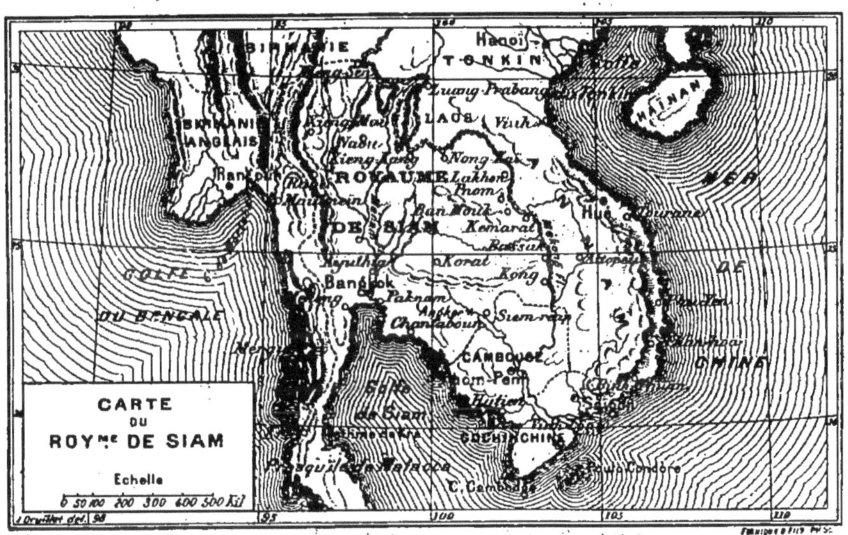

CARTE DU SIAM ACTUEL.

et d'autres métaux précieux, qui n'ont pas encore été exploitées sur une grande échelle. Aussi, toute la prospérité de ce royaume appartient-elle à l'avenir. Sa capitale, Bangkok, est jusqu'ici la seule place florissante, et, quoiqu'elle ne date que d'une centaine d'années, elle a déjà acquis une extension très sérieuse. Il est vrai que sa position maritime et fluviale a contribué à ces rapides résultats. Bangkok a été surnommée, à juste

(1) La récente visite du roi de Siam à Paris a eu surtout pour but d'aplanir les difficultés qui pourraient encore être soulevées à cet égard. Mais les événements futurs décideront de la valeur de ses engagements. Il est à craindre que la prépondérance anglaise dans la direction des affaires à Bangkok ne détruise les effets que l'on pourrait attendre du séjour du roi Chulalongkorn en France.

titre, la « Venise de l'Asie », surtout à cause de son aspect, qui est à la fois grandiose et saisissant (1).

Les autres villes du Siam sont Tachin et Méklong, ports de pêcheurs, peuplés en grande partie de Chinois; Radjabouri, où il y a des mines d'étain; Petchabouri, ville tout européenne, construite sur le modèle anglais; Pétriou, qui est un centre de plantation de canne à sucre; Bang-Plasoï, port de pêche animé; Chantaboun, d'où partent les navires qui transportent en Chine les produits du pays, bois de diverses essences, graines, sucre, poivre, etc.; Ayuthia, l'ancienne capitale.

La population du royaume de Siam a été très diversement évaluée; les uns la portent à 5 millions, les autres à 15 millions. Ces différences considérables proviennent de ce que l'on n'a aucune donnée certaine, ni même approximative, sur les chiffres des habitants des montagnes, et principalement des États siamois du Laos. Tout ce que l'on sait, c'est que, dans le total, les Siamois proprement dits ne représentent guère plus d'un tiers, et qu'ils sont égalés, sinon dépassés en nombre, par les Chinois dont l'affluence est de plus en plus grande.

Le roi actuel, S. M. Chulalongkorn, a favorisé le progrès dans toutes les directions et dans tous les domaines. Bangkok commence à jouir des avantages les plus modernes de la civilisation. Il y a déjà dix ans que les voies ferrées y sont en activité, que les tramways y favorisent la circulation, que le service des postes y fonctionne avec la plupart de ses perfectionnements, télégraphe et téléphone.

Le voyage qu'y fit, en 1889, l'auteur des pages qu'on lira plus loin (2), lui a permis de constater toutes ces réformes utiles. Missionnaire apostolique dans le royaume de Siam, l'abbé S. Chevillard a vu les hommes et les choses en observateur éclairé, et ce qu'il en dit est marqué au coin de la plus entière impartialité. Son travail est généralement considéré comme l'un des meilleurs sur cette région dont la connaissance nous est devenue indispensable, depuis notre expansion coloniale en Cochinchine, au Tonkin, en Annam (3), et surtout depuis le protectorat exercé par la France sur le Cambodge, le tout proche voisin du Siam (4).

Charles Simond.

(1) Voir notre ouvrage, Charles Simond, *La Gazelle d'or.* (Paris, Lecène et Oudin.)

(2) *Siam et Siamois*, par l'abbé Similien Chevillard. (Librairie Plon, Paris).

(3) Voir Lanessan, *L'Indo-Chine française*, et les ouvrages de Chailley-Bert et Macey.

(4) Placé entre l'Indo-Chine française et l'empire anglo-indien, le Siam est, dit le *Temps* (13 septembre 1897), le dernier royaume indépendant qui ait survécu dans cette partie du monde. Il est devenu un Etat tampon. On peut le comparer à un matelas destiné à empêcher ses puissants voisins de se heurter. Mais on pourrait le comparer aussi à une noisette placée entre un marteau-pilon et une enclume. La France et l'Angleterre, par rapport à lui, sont des colosses; au premier choc de l'une d'elles, il serait mis en pièces. Elles font pour l'instant équilibre l'une à l'autre, et ce qui fait la sécurité du Siam, ce ne sont pas ses forces intrinsèques, qui sont insignifiantes, mais la rivalité de ses deux compétiteurs. Le roi Chulalongkorn n'en doute pas, et il a pu s'en assurer *de visu*; mais s'en souviendra-t-il quand il sera de retour à Bangkok, où l'Angleterre et l'Allemagne rivalisent d'influence avec la France, et veulent nous évincer? Voir à ce sujet E. von Hesse Wartegg (*Gegenwart*, 11 septembre 1897), qui ne laisse aucun doute à cet égard. (C. S.)

UNE PLACE DE BANGKOK.

LE SIAM

I

BANGKOK ET LE TALAT

Depuis un siècle environ (1), la nouvelle capitale du royaume de Siam s'appelle Bangkok : la Ville des Oliviers (2). Je ne vois pas la justesse de ce nom, car dans tout le royaume de Siam il n'y a pas d'olivier. L'erreur vient de ce que quelques Européens ont été trompés par la similitude du fruit du *ton-makok* avec l'olive.

Pour rester conforme à l'usage oriental, les Siamois ont décoré leur capitale de noms plus pompeux. Ils la nomment : Krung-

(1) En réalité depuis 1782, époque à laquelle Ayuthia, ancienne capitale, fut abandonnée. Sur l'emplacement d'Ayuthia on a rebâti une ville moderne, Kroung-Kao, qui compte déjà 50,000 habitants et qui est le rendez-vous des pèlerins et des marchands du Laos. (C. S.)

(2) Ou plutôt des « oliviers sauvages ». Etymologiquement Bangkok vient de deux mots de la langue *thaï* : *Bong* (village), *kok* (olivier sauvage). (C. S.)

thepha-mahà-nakhon-si-ajut-thaya-mahà-dilok-raxa-thani, c'est-à-dire, la grande ville royale des anges, belle et inexpugnable. Ces titres d'ailleurs, à quelque variante près, sont ceux de l'ancienne Juthia, ou Ayuthia, qui, bien qu'inexpugnable elle aussi, n'en fut pas moins détruite et brûlée par les Birmans vers la fin du siècle dernier.

A peine âgé de cent ans, Bangkok, dont la circonférence, y compris les faubourgs, est de 40 kilomètres, est une des plus belles villes d'Asie et peut atteindre le chiffre approximatif d'un million d'habitants (1). Sa population cependant est loin d'être homogène, car la position de Bangkok, à proximité de la Chine, de la Barmanie, du Cambodge, de la Malaisie, du Laos et du royaume d'Annam, en fait le rendez-vous d'une foule d'émigrés. Elle est située entre le 14° de latitude nord et le 98° de longitude orientale du méridien de Paris, à 30 kilomètres de la mer. Unique en son genre dans le monde entier, elle ne peut se comparer qu'à Venise (2). C'est qu'en effet, comme dans cette ville, on y voit très peu de rues (3). La cité tout entière est bâtie sur pilotis et sur flotteurs, les canaux forment les voies transversales qui, presque toutes. viennent aboutir à la grande artère, le fleuve Më-Nam.

Autrefois, l'on ne voyait à Bangkok aucune voiture; tous, petits et grands, sans même excepter le roi, allaient en barque. Sur la terre ferme, Sa Majesté et les grands mandarins se faisaient porter en litière ou en palanquin. Depuis quelques années seulement, grâce à l'initiative du nouveau roi Phra-Somdeth-Mahà-Chulalong-korn, grand amateur de nos coutumes européennes, l'on voit circuler de nombreux attelages sur les nouvelles avenues. Déjà aussi on a établi une fonderie royale et un hôtel de la monnaie, où des médailles d'or et d'argent commémoratives du dernier couronnement ont été frappées, et d'où sont sorties plusieurs statues en pied, œuvres d'artistes siamois.

Si Bangkok est privée de ces belles rues qui font l'orgueil de nos cités européennes, qu'elle ne se plaigne pas, car l'aspect de la Më-Nam est grandiose et pittoresque à la fois, c'est un coup d'œil qui a le mérite de l'originalité et ne ressemble à rien au monde. Sur une longueur d'environ trois lieues et sur une courbe insensible à cause de son étendue, ressemblant assez bien à un immense fer à cheval, on aperçoit deux rangées de maisons flottantes où se fait presque tout le commerce de la ville. Rien n'est curieux comme

(1) Bangkok ne compte actuellement que 600,000 habitants.

(2) La capitale a pour avant-postes *Pak-Lam* et *Pak-Nam*, que l'on a peut être trop poétiquement appelés le Cronstadt et le Sébastopol du Siam, car les événements de 1893 ont démontré que les canons de ces deux citadelles lézardées ne défendent qu'illusoirement l'entrée de la ville. (C. S.)

(3) La principale, de construction récente, est parallèle au Ménam : longue de 2 kilomètres environ, elle part du palais et aboutit à l'une des pagodes royales. Elle est habitée en majeure partie par des Arabes et des Chinois. (C. S.)

ces étalages des produits orientaux, comme ces milliers de barques cinglant le fleuve en tous sens et l'animant de leur variété sans exemple partout ailleurs. Les marchés aux légumes et aux poissons se font de grand matin sur la rivière transformée en halles immenses. Toujours en barques, les acheteurs et les vendeurs se livrent à leurs transactions commerciales. C'est un marché flottant, c'est un jardin qui, en un clin d'œil, est sorti du sein des eaux.

Les maisons flottantes, donnant à Bangkok son cachet vénitien, se nomment en siamois des *Phë*. Ces *phë*, bien que n'offrant extérieurement rien de monumental, n'en sont pas moins des habitations très attrayantes. Celles des riches propriétaires peuvent à bon droit être considérées comme de petits chefs-d'œuvre de bon goût. Les boiseries en sont sculptées avec ce cachet original que les Chinois savent donner à tout leur travail. Ces sortes d'habitations ont peu ou point de fenêtres sur les côtés. Chez les marchands, la façade est grande ouverte pour y disposer les étalages; dans les phë des ministres et des riches, cette façade se compose de portes doubles à persiennes ouvertes durant le jour pour laisser voir le vestibule où se trouve l'autel de Bouddha chez les Siamois, et celui des ancêtres chez les Chinois. Sur la véranda règne une large galerie pleine de fauteuils en rotang et protégée par une rampe élégante. Beaucoup de *phë* sont meublées à la chinoise, les panneaux sont de fine laque ou couverts de sculptures; sur des consoles on place des vases et des potiches artistiques, et les plus belles porcelaines de toutes les dynasties, les lustres en cloisonné de tous les temps se mêlent harmonieusement aux vases d'or niellés dont Siam semble avoir le monopole exclusif. Les galeries sont ornées de fleurs et d'arbustes taillés, comme seuls les Japonais et les Chinois savent le faire, c'est-à-dire sous forme d'animaux plus ou moins fantastiques, ou dans des proportions peu en rapport avec la nature de la plante. Le soir, sur les galeries, Siamois et Chinois viennent en famille respirer les fraîches brises de la Më-Nam. Le roi et les ministres y viennent également, oublieux des soucis du gouvernement, se distraire agréablement par le spectacle qu'offre la Më-Nam aux approches d'une belle nuit d'Orient. Toutes les habitations flottantes montent et descendent au gré de la marée sans jamais quitter leur place, assujetties qu'elles sont par d'énormes troncs de tek et de fortes amarres en rotang. Pour maintenir ces maisons sur l'eau, l'on se sert de gros flotteurs faits de plusieurs milliers de bambous liés en faisceaux de cent environ et juxtaposés. Les boas se logent parfois dans les interstices, mais il est fort rare qu'ils inquiètent les propriétaires.

Si l'on côtoyait seulement les bords de la rivière, on aurait une idée bien imparfaite de Bangkok. Pour la bien connaître il faut en visiter les pagodes. Celle dont la tour domine tout le panorama qu'offre la ville dans son ensemble est le *vat-cheng*. Les Siamois croient généralement que sous le *phra-chedi* (1) sont inhumées de précieuses reliques de Sôma-na-kô-dom. Haute d'environ 300 pieds,

LE ROI DE SIAM.

cette pyramide est une œuvre de patience admirable. On atteint

(1) Edifice construit en l'honneur du Bouddha et détachant sa silhouette blanche sur le fond vert des aréquiers.

MAISONS FLOTTANTES A BANGKOK.

les deux tiers de son élévation par une suite de degrés grimpant aux quatre faces et terminée par une représentation en haut relief de l'éléphant blanc à trois têtes, image de la triple incarnation de Bouddha. Les degrés inférieurs sont gardés par une multitude de dieux plus ou moins grotesques. Chaque étage est orné de mosaïques en porcelaine où il n'y a peut-être pas beaucoup d'art sérieux, mais qui produisent aux rayons du soleil le plus merveilleux effet et où le mesquin et le grandiose se disputent la préférence. Ce cachet, disons-le une fois pour toutes, se retrouve dans tous les monuments de Bangkok et caractérise assez bien l'architecture moderne siamoise. Le brillant l'emporte sur le sérieux. On dirait que les artistes, tout en concevant de belles choses, se perdent volontairement dans un dédale de détails nuisant aux grandes lignes et en altérant la pureté. Ou bien encore on pourrait croire que leur architecture doit avant tout posséder ce caractère fleuri, et que le génie des peintres et des sculpteurs s'est étudié à reproduire sur les monuments d'aujourd'hui cette luxuriante verdure et ces fleurs aux mille couleurs, sans cesse renaissantes sous le ciel des tropiques.

Tel n'est pas le caractère architectural des ruines des anciennes capitales. Si de nos jours on devine dans les monuments de Bangkok la main des Chinois, on entrevoit dans les ruines antiques le puissant génie des Khmers (1), constructeurs de Nokhorvat. Autour de la pyramide, que surmonte un trident couvert d'or et orné de clochettes agitées par la brise, on voit de magnifiques jardins, où les statues de Bouddha, les kiosques monolithes charment agréablement la vue et étonnent par la richesse et le fini des sculptures. Trois temples aux toits dorés et à triple étage jettent aux rayons du soleil mille gerbes d'étincelles; Bouddha habite au centre de l'un d'eux. C'est une statue colossale recouverte d'or, représentant le dieu assis. Derrière les temples, les habitations des talapoins (prêtres) sont rangées symétriquement avec un assez bon air de couvent. Une autre pagode, le *vat-xétuphon*, renferme une statue de Bouddha dans le niphan ou sommeil bienheureux, longue de 150 pieds et recouverte d'or. L'histoire de Sôma-na-kô-dom est peinte à fresque sur la plante de ses pieds.

Le *vat-boromanivet* a coûté pour les dorures seulement des sommes fabuleuses. Je cite en passant et pour mémoire les magnifiques portes en bois d'ébène incrustées de nacre, sculptées avec le soin le plus minutieux et fouillées avec un art sans pareil. Elles feraient l'ornement des plus beaux palais du monde. A Bangkok elles ne sont pas rares; plusieurs pagodes en possèdent qui échappent aux descriptions d'une plume imagée et pittoresque. Il faut les voir pour les apprécier dignement.

(1) Voir sur les monuments Khmers les ouvrages de Croizier, de Filoz, et ceux de L. Fournereau et Porcher. (Paris, Leroux.)

Une pagode curieuse entre toutes est sans contredit le *vat-saket*, la grande nécropole de Bangkok. On y voit les charniers où chaque jour les vautours sacrés viennent dévorer les cadavres et où, quotidiennement aussi, les morts sont brûlés en grand nombre. Près de lui s'élève la montagne d'or ou le *Phuk-Kao-thong*, une véritable montagne de briques, un tumulus gigantesque, laissant loin derrière lui les tumuli romains ou celtiques. Ses formes se retrouvent sur les laques japonaises représentant le *Fuzi-Yama*. Nous n'entreprendrons donc pas de les décrire. De son sommet, l'on jouit du panorama de Bangkok; l'œil s'arrête sur ses *phra-chedi* élancés, sur les toits étincelants des pagodes, sur la courbe géante du Më-Nam; au loin la brise agite la cime verdoyante des aréquiers et des cocotiers qui forment au tableau général comme un immense cadre d'émeraude.

Non loin du palais du premier roi, l'on voit une pagode bâtie par Phra-Somdeth-mahà-Mongkhut, prédécesseur et père du roi régnant. Le marbre y a été employé à profusion. La statue de Bouddha, de grandeur naturelle, est en or repoussé; son trône est un chef-d'œuvre dans le goût siamois; les dorures sont rehaussées de brillants d'un grand prix. Les panneaux habilement dessinés représentent des scènes de la vie japonaise couvertes de la laque la plus fine. Sur les murailles, les artistes siamois ont peint, dans le goût national, le ciel des Indous avec leurs phalanges de thevada. Les talapoins habitant cette pagode forment une sorte d'aristocratie et ne vont mendier qu'au palais, où ils reçoivent leur nourriture quotidienne des mains mêmes de Sa Majesté.

***

Passons maintenant aux écuries des éléphants royaux (1). Le roi actuel a voulu loger princièrement ces pachydermes dont l'image flotte sur le drapeau de la nation. Il a fait plus; suivant en cela la coutume antique, il leur a décerné des titres mandarinaux que l'on peut voir inscrits sur un écriteau en même temps que le nom de l'animal, son âge présumé, la date et les circonstances de sa capture (2). Chaque éléphant a sa maison princière comme un prince

(1) Voir sur les éléphants blancs du Siam le curieux et tout récent ouvrage du professeur Maxwell Sommerville, *Siam on the Meinam from the Gulf to Ayuthia*. (Philadelphie, Lippincott, 1897.) L'auteur affirme qu'il n'y a pas d'éléphants blancs, et qu'ils sont tous gris : gris de granit, gris rose, gris cendré, sur tout le corps, sauf les oreilles, qui paraissent frottées d'une poudre blanche. Voir aussi l'ouvrage de Henri Mouhot sur le Siam. (C. S.)

(2) Les armes de Siam sont : *de gueules avec un éléphant blanc*. Ce dernier tient une place importante dans les croyances populaires.

Physiquement parlant, l'éléphant blanc n'est qu'un albinos. Sa capture, considérée comme un présage heureux pour le roi régnant, n'est, pour les habitants des contrées où il fait son apparition, que l'occasion d'un redoublement de corvées longues et pénibles. Seul celui qui s'empare de l'animal est dédommagé de toutes ses fatigues. Lui et ses descendants jusqu'à la troisième génération

du sang, et les condamnés aux travaux forcés n'ont d'autre occupation que de couper l'herbe destinée à le nourrir.

***

De ces palais des éléphants, passons ensemble au talat ou grand marché de la ville. C'est là peut-être que l'on peut faire la meilleure étude de mœurs. Sur une longueur de près d'une lieue s'étendent deux rangées de boutiques. Au premier coup d'œil, il semble que tout est confondu pêle-mêle. Il n'en est rien. Comme autrefois au moyen âge, chaque corporation a son quartier. Ce sont d'abord les ateliers et les étalages des forgerons, puis ceux des sculpteurs sur bois et sur ivoire, tous ouvriers chinois (1). On trouve ensuite les Malais et les Parsis, vendant de tout, depuis la boîte de cirage jusqu'au diamant de la plus belle eau, et l'on arrive sans transition à la poissonnerie. Ici la Më-Nam et la mer ont entassé dans un désordre, qui n'est pas sans effet, les poissons, les crustacés, les amphibies, les mollusques les plus variés, tout un muséum à faire lever vers le ciel les bras du naturaliste le moins enthousiaste. Une des spécialités de ce marché, ce sont les charcuteries (2) de poissons, sorte de restaurants où l'on sert de ces derniers sous forme de pâtés. Les charcuteries de porc font bien une forte concurrence; leurs étalages sont faits pour inviter le consommateur. Toutefois, chez les propriétaires des deux sortes

sont délivrés des corvées royales; il reçoit aussi du roi autant de pièces d'or qu'il peut en une seule fois en attirer à lui avec une petite corde dont il tient les deux extrémités.

L'éléphant pris descend le fleuve jusqu'au palais sur un radeau pavoisé remorqué par de nombreuses barques et au son des instruments de musique. Sitôt débarqué, il reçoit avec de grands honneurs un titre mandarinal, une maison princière; et ses serviteurs ne doivent plus lui parler que dans les termes les plus respectueux. Pendant plusieurs jours il y a, à cause du nouveau mandarin à quatre pattes, des réjouissances publiques, des galas officiels, des comédies et des illuminations; puis sa majesté pachydermique rentre dans le silence de sa mandarinale écurie, et le peuple reprend sa vie habituelle.

Le roi actuel possède plusieurs éléphants blancs. Est-il plus heureux pour cela? Non, car il a vu ses enfants mourir en bas âge, une révolte intérieure au palais, et une maladie implacable, le diabète, le mine lentement. Les grands, ceux surtout qui ont des rapports fréquents avec les Européens, voient chaque jour diminuer leur confiance dans la puissance protectrice de l'éléphant blanc, mais ils n'osent combattre de front les croyances populaires. Ce motif, sans légitimer sa barbarie, explique peut-être pourquoi en 1881 le roi actuel fit massacrer un grand nombre de pauvres gens soupçonnés d'avoir, par leur négligence, laissé mourir un éléphant albinos. (Note de l'auteur.)

(1) Les Chinois ont tout envahi en Siam; ils y exercent les métiers les plus divers : ils sont partout, on ne voit qu'eux, on les entend en tous lieux se disputer, se battre; ils mendient, ils marchent escortés d'une armée de serviteurs en véritables mandarins; les uns meurent de faim, les autres nagent dans l'opulence; ceux-ci sont respectés et choyés, ceux-là sont honnis, maudits, battus; ils occupent tous les degrés de l'échelle sociale, depuis le voleur jusqu'au millionnaire. (Gaston ROUTIER, *Revue française de l'étranger et des colonies*, février 1889.)

(2) Le mot *charcuterie* est impropre dans notre langue; c'est cependant le mot qui convient ici. (Note de l'auteur.)

d'établissements, point de mystères d'arrière-boutique. Les cordons bleus travaillent à la vue et au su du public. Hélas! dans nos pays

LA COUR DU TEMPLE DANS LE VAT PRAKÉO A BANGKOK.

civilisés, que de restaurateurs ne voudraient et peut-être ne pourraient en faire autant!

Laissons les consommateurs armés de leurs bâtonnets manger à leur guise, et continuons notre route.

Voici un théâtre en plein vent. Si nous n'admirons pas les décors, avouons du moins que les costumes des acteurs feraient, s'ils le pouvaient, sourire d'aise les crayons des Grévin. Écoutez. N'entendez-vous pas rouler les ticaux (1) d'argent? Nous sommes dans le quartier des tripots. Quel spectacle que la vue de ces hommes, des vrais gueux de Callot, remuant convulsivement fuang, salung, suivant les enjeux! Le Chinois est tellement passionné pour le jeu que celui qui ne joue pas est une exception. A bout de ressource, il joue son langouti (2), joue sa liberté, joue sa femme et ses enfants. Dans tous les tripots on fume l'opium, ce funeste présent de la civilisation anglaise, qui a plus fait aux Indes pour son asservissement que les armées de la reine Victoria. A Siam, il fait du Chinois un squelette ambulant, un cadavre animé.

C'est un curieux coup d'œil que celui des coiffeurs travaillant *coram populo*, rasant les cheveux, façonnant les tresses de leurs clients. Le Chinois aime à avoir toujours irréprochable cet appendice occipital que nous nommons une queue, mais qu'il appelle hang-pia. Les perruquiers font aussi la barbe, si l'on peut décorer de ce nom les quatre poils follets qui poussent à quarante ans sur la lèvre supérieure des fils du Céleste Empire. Quand ils ont passé à tour de rôle sur la figure de chaque client la même guenille de couleur douteuse, tout n'est pas fini. L'artiste, d'une main légère, doit procéder au nettoyage complet des yeux et des oreilles. La façon dont il s'y prend est sans contredit ce qui dans ce métier surprend le plus le voyageur étranger aux modes de la Chine.

Ici les extrêmes se touchent, car le vendeur d'idoles a son étalage près du voisin le coiffeur. La toilette achevée, chacun peut aller acheter à deux pas les phra-protecteurs et les urnes destinées à conserver aux arrière-néveux les restes des phujata-jai. Et, prolongeant un peu son chemin, il peut faire emplette chez le fabricant d'à côté de tous les engins de pêche que l'industrie siamoise a enfantés contre les humides habitants de l'onde, et Dieu sait si ces engins sont nombreux!

Nous sommes arrivés à l'extrémité du talat. Hélas! notre description est impuissante à rendre l'effet produit sur l'Européen qui le visite pour la première fois. Ce que la plume ne rendra jamais, c'est le brouhaha, le mouvement, la vie de ce marché oriental. Ici

(1) Les monnaies siamoises ont une valeur intrinsèque à leur poids. Ainsi, par exemple, le *tical* pèse 15 grammes et vaut 3 francs. Ces diverses monnaies se divisent en trois catégories : les *monnaies anciennes* de forme presque sphérique, les *monnaies actuelles* (argent ou cuivre) de forme plate et circulaire comme en Europe, et les *valeurs représentatives*, qui n'existent que comme *monnaies de compte* et non à l'état de *pièce*. La monnaie d'argent la plus usitée est le *tical*, équivalent à 3 francs, Ses principales subdivisions sont le *salung* (quart du tical), le *fuang* (demi-salung et huitième de tical). Les monnaies de cuivre sont le *demi-fuang* (dix-huit centimes et trois quarts) et le *quart de fuang* (neuf centimes et trois huitièmes). On compte, dans les transactions commerciales, en *piastres* (valeur représentative). La piastre se subdivise dans ce calcul en *cents*, valant environ, suivant le cours, cinq centimes. (C. S.)

(2) Pièce d'étoffe servant souvent d'unique vêtement.

les comédiens débitent leurs rôles, font partir des pétards, battent sur le tam-tam; les chiens hurlent, les portefaix maudissent les passants que les porteurs d'eau éclaboussent, les marchands font l'article, sans souci de leurs poumons, la police arrête les vagabonds, les pleureurs à gage gémissent lugubrement, les processions étalent les oriflammes et les monstres barrent le passage, les lépreux coudoient sans vergogne les clients indifférents à leur contact, et les geôliers ne se font pas prier pour déposer aux étalages les cadavres des prisonniers.

II

LE ROI DE SIAM

Les titres pompeux par lesquels on désigne le premier roi, à savoir : Châo-phendin, maître de la terre, Chao-fa, fils du ciel, Chao-xivitr, maître de la vie, etc., indiquent assez clairement la haute idée qu'ont les Siamois de celui qui les gouverne (1). Le roi est pour eux comme une incarnation vivante de Bouddha; aussi l'appelle-t-on encore : phra, divin, excellent. Autrefois, il était défendu de lever les yeux pour regarder Sa Majesté; on ne pouvait se présenter devant elle qu'à genoux, le front dans la poussière et les coudes appuyées sur le sol. Les mêmes prosternations étaient en usage quand on passait devant le trône. Les rameurs devant le palais étaient obligés de s'accroupir. Près de la grande porte d'entrée, sur l'esplanade, les indigènes s'agenouillaient et portaient devant leur front les mains jointes en signe d'adoration, ni plus ni moins que devant les idoles de leurs fausses divinités. Les mandarins ayant le privilège du parasol étaient tenus de le fermer ou de l'incliner du côté opposé en passant devant le palais. Quiconque manquait à ces différents usages était passible de coups de rotin ou d'une amende. Un mandarin eût été dégradé. Souvent même les archers de la garde lançaient avec leurs arcs, contre les oublieux, des balles de terre durcie. Ces rites étaient en usage encore à Bangkok avant l'avènement du nouveau roi, qui a aboli la prosternation. Aujourd'hui, les mandarins, pendant les audiences et les réunions officielles, se présentent à l'européenne, font trois saluts et se retirent à reculons. Sur le passage du roi, les indigènes ne se prosternent plus, mais restent debout, la tête nue.

Le gouvernement de Siam est le despotisme dans la plus rigoureuse acception du mot (2). Le roi y est le maître absolu et des

(1) Voir E. Gibert, *La famille royale de Siam*. (Paris, E. Leroux.)

(2) Cette monarchie despotique a, par une singulière contradiction, emprunté aux gouvernements européens quelques-unes de leurs formes. Le roi, d'après une loi de 1875, exerce le pouvoir législatif, assisté d'un conseil des ministres et d'un conseil d'Etat supérieur; mais son autorité n'en est pas moins absolue.

hommes et des choses. Tout est à lui : le sol et l'habitant; il peut

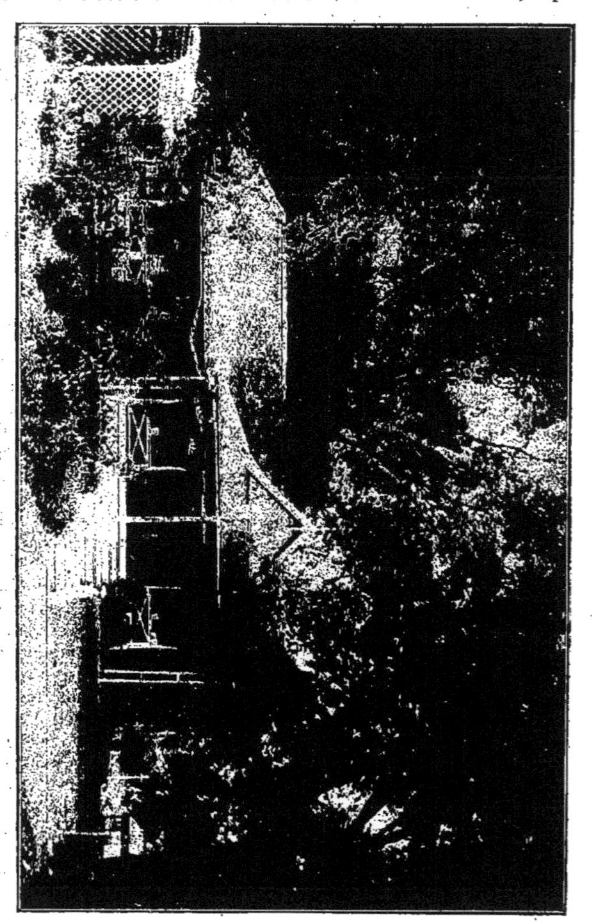

UN PAVILLON DU PALAIS D'ÉTÉ DU ROI DE SIAM A KOHSICHANG.

en disposer à son gré. Aucune Chambre (1), aucune autorité quelle

(1) Il existe, à vrai dire, une espèce de Sénat, composé d'une vingtaine de

qu'elle soit n'a le droit de balancer la sienne; il est l'autorité et non le représentant de l'autorité. C'est encore le roi qui nomme les

S. M. CHULALONGKORN, ROI DE SIAM.

hauts fonctionnaires religieux, car il est également pontife suprême.

est placé le ministre de la guerre, ou *Khalahame*, qui est une sorte de président du conseil.

Le gouvernement siamois est une monarchie héréditaire; quoique l'aîné des enfants du feu roi ne lui succède pas de droit, ordinairement il en est ainsi de fait. La succession au trône est entourée d'une foule de précautions dans le but de faire avorter les révolutions de palais. Tout se fait avec calme cependant; que d'éléments de discordes ne doivent pas susciter les ambitions d'une foule de prétendants dans un pays où il y a plusieurs rois (1)! Il serait trop long d'énumérer les titres du roi actuel. Qu'on s'imagine tout ce qu'on peut trouver de plus ronflant, de plus pompeux, et l'on aura une idée de ces dénominations sans fin qui remplissent généralement les premières feuilles d'un traité ou d'un acte officiel.

L'étiquette exige que le roi sorte peu. Mais le roi Chula-Longkorn n'est guère, que je sache, d'humeur à se soumettre à tout ce qui peut gêner ses volontés ou ses caprices. Il sort assez souvent en barque, plus souvent en carrosse, depuis l'introduction des voitures à Bangkok et le percement des nouvelles voies. Pour peu que la distance soit longue, comme par exemple pour se rendre d'une province à une autre, du palais d'hiver à celui d'été, le roi voyage dans son yacht à vapeur.

Dans le palais de Bangkok ou dans cette ville, si la promenade a un cachet officiel, Sa Majesté se fait porter en palanquin richement décoré, par des esclaves en livrée. Ses satellites la précèdent portant des lances et des faisceaux. Dans les grandes circonstances, les mandarins, également en litière, portés selon leur rang et leur dignité, précèdent celle du roi, la fanfare joue l'hymne royal. Quelquefois Sa Majesté monte un superbe éléphant richement caparaçonné et dont les défenses sont ornées de bracelets d'or. Il en est ainsi surtout dans les grandes solennités. Pour voyager de province à province, c'est le meilleur mode de locomotion.

Toutes les cours ont leur étiquette. Celle de la cour de Siam est parfois gênante. Les règles en sont fidèlement conservées dans un livre nommé *phra-raxa-monthieraban*. Tout s'y trouve à son lieu et place : le lever, le bain, le temps consacré à la lecture des lois, des annales du royaume, les heures d'audience, les aumônes à accorder aux talapoins (ou prêtres bouddhistes), les entretiens avec la reine et les dames du harem. Le roi serait le plus esclave de tout l'empire siamois, s'il ne savait judicieusement en prendre et en laisser en vertu de l'axiome : la lettre tue, l'esprit vivifie. Cependant, nous devons rendre justice au roi régnant qui (ce que peut-être n'a jamais fait aucun souverain siamois) sait écouter, quand elles sont justes, les observations respectueuses de quelques ministres favoris et en apprécier la valeur. Il est des usages auxquels, coûte que coûte, le roi doit se soumettre, parce

(1) Le *second* roi n'a qu'une autorité purement nominale. C'est plutôt le premier officier du palais; cette charge est souvent confiée à un proche parent du roi régnant.

qu'ils touchent de trop près la religion et les traditions immémoriales. De ce nombre sont la coupe du toupet et l'ordination comme bonze avant son sacre. Le roi Chula-Longkorn, en cette dernière circonstance, montra sa volonté. Ses ancêtres n'avaient pas été talapoins moins de trois mois, lui n'y resta que trois jours, et jamais il ne voulut consentir à se laisser raser les cheveux et les sourcils, selon l'usage des bonzes (1).

Les fils du roi sont élevés dans le palais, sous les yeux du monarque, jusqu'à l'âge de douze ou treize ans, après quoi, Sa Majesté leur forme une maison composée de quatre mandarins et de plusieurs centaines d'esclaves, avec une rente ne dépassant pas quatre mille francs. Cette somme, qui nous paraît insignifiante, représente plus du double de notre monnaie. D'ailleurs, il faut aussi faire entrer en ligne de compte les nombreux présents faits aux princes du sang pour obtenir des places et leur protection. Les esclaves travaillant gratuitement augmentent en outre les ressources d'une manière considérable.

*
* *

Le sort des filles est moins enviable. Il leur est interdit de se marier dans la crainte de susciter au roi des embarras, soit de son vivant, par des mésalliances ou l'ambition des gendres, soit après sa mort, par des querelles de palais interminables et pouvant compromettre les intérêts de l'héritier légitime. A part ce célibat forcé, les filles du roi n'ont pas à se plaindre de la vie, j'entends au point de vue purement humain. Rien ne leur manque, elles ont en abondance des distractions de tous genres; elles possèdent de magnifiques parures; des esclaves attentives s'empressent de réaliser non seulement leurs désirs, mais aussi leurs caprices. Toutefois, pour être doré, leur palais n'en est pas moins une prison. Les peines contre les délinquantes sont terribles. On les coud vivantes dans un sac de cuir auquel on attache une grosse pierre et on les jette à la rivière. Les complices, s'il s'agit de princes du sang, sont étendus par terre, puis assommés au moyen d'un coup sec donné sur le cou avec un bâton de bois de sandal. S'ils sont roturiers, on les empale et on les perce ensuite à coups de lance. Ces châtiments sont ou fort rares ou tenus secrets, car je n'ai jamais entendu dire qu'ils aient été exécutés.

*
* *

Voici quelles étaient autrefois les cérémonies du sacre des rois

(1) Depuis l'avènement de S. M. Chulalongkorn, il y a eu au Siam et surtout à Bangkok des changements tellement considérables qu'on dirait presque un monde nouveau. Les usages européens s'y introduisent. Il est probable que le retour du roi à Bangkok, après son voyage dans les principaux pays d'Europe, inaugurera une ère nouvelle au Siam. (C. S.)

de Siam. A la mort du roi, celui qui est déclaré son successeur se rend aux appartements royaux où il rend aux ossements du monarque défunt les hommages funèbres qui lui sont dus et les lave respectueusement. Ces soins rendus, les princes et les mandarins prêtent le serment de fidélité. Le premier ministre, au nom de l'assemblée, lit une formule contenant les plus terribles imprécations, et chacun boit ensuite, en signe d'adhésion, de l'eau lustrale contenue dans un vase d'or et sur laquelle les bonzes ont récité des prières après que le roi y a plongé son épée. Le jour du couronnement est choisi parmi les jours fastes, et le peuple est invité à illuminer les *phë*, à déployer des oriflammes, à se livrer, en un mot, aux démonstrations de la joie la plus vive. Au palais, la cérémonie commence par l'arrivée du chef des astrologues, tenant en main une cassette niellée dans laquelle il dépose, après les avoir écrits sur une feuille d'or, tous les noms du nouveau souverain. Autour de cette cassette, neuf mandarins font neuf fois la procession en balançant un chandelier à trois branches, pendant que les *phra* font retentir la conque marine et frappent sur le tamtam. Au bruit de cette fanfare aux sauvages accords, le roi pénètre dans la salle, donne aux talapoins des vêtements et à leur chef un cierge allumé; puis, après s'être prosterné devant la statue de la victoire, il revêt un *pha* de soie blanche brodée d'or et monte sur son trône où deux princes l'aspergent. Les bonzes lui offrent deux buccins (1) remplis d'eau lustrale dont il s'arrose lui-même, et il quitte son pagne blanc pour en prendre un de drap d'or. Ces rites observés, le futur monarque pénètre dans une autre salle, s'assied sur un trône à huit faces surmonté du *savetraxat;* des bonzes lui offrent l'eau lustrale à laquelle il goûte, réservant le superflu pour se laver la face. Il renouvelle huit fois cette cérémonie en changeant huit fois sa position.

Le roi monte sur un trône carré et s'assied sur un lion d'or en se tournant vers le nord; le doyen des bonzes, après avoir récité les formules de bénédiction, adore le nouveau souverain auquel il offre le royaume. Alors commence le défilé des *mahat-lex,* offrant tour à tour les différents attributs de la royauté. Ce sont : le parasol d'or à sept étages, ses noms écrits sur une feuille d'or, le collier, le sceptre, l'épée royale, les armes au nombre de huit : la flèche, l'arc, la lance, le sabre, le kriss, la canne à épée, le mousquet et le fleuret. Le roi autorise ses sujets à jouir des biens de la terre et, après avoir écouté les remerciements d'un grand dignitaire parlant au nom du peuple, jette des fleurs d'or sur la foule reconnaissante. Il quitte encore cette salle pour pénétrer dans l'assemblée des *phra* dont il nomme le chef, fait des aumônes et, lorsqu'il a reçu les témoignages de leur gratitude, va s'asseoir sur

(1) Le *buccin* (*buccinum, murex antiquus*) est un coquillage en forme de conque de la famille des *tritonidæ*.

un tapis précieux et donne audience à la noblesse du royaume.

UN ESCALIER DE LA GRANDE PAGODE A BANGKOK.

Les grands dignitaires, humblement prosternés, offrent leurs hommages à Sa Majesté qui les invite à venir, dans l'ordre de leur dignité, lui présenter les hommes et les choses propres à leur charge. Enfin, Sa Majesté rentre dans les appartements des dames; deux d'entre elles, au nom de leurs compagnes, lui lavent les pieds, lui présentent des fleurs d'or du poids d'une livre et servent des sucreries auxquelles le roi goûte à peine.

Du palais des dames il se rend à la pagode de l'île d'émeraude, où l'on a apporté du *mahàprasatr* les urnes contenant les cendres de ses aïeux. Il se prosterne, adore, offre des fleurs et de l'encens, puis, après avoir entendu le panégyrique de son prédécesseur, rentre dans ses appartements privés. Il est sacré roi de Siam.

Le lecteur a dû se demander ce que pouvait bien être l'idole d'émeraude que nous venons de nommer. Il est difficile de répondre à cette question d'une manière satisfaisante, et plus difficile encore de déterminer la valeur de cette pierre précieuse. La tête de la statue du dieu, grosse environ comme celle d'un enfant, serait, dit-on, sculptée dans une seule émeraude. Malheureusement le Bouddha est sur le sommet d'un autel ayant plus de trente pieds d'élévation. Cette hauteur et le demi-jour régnant dans la pagode empêchent tout examen sérieux. En admettant que la tête de la statue soit une émeraude véritable, cette pierre serait peut-être dans l'espèce la plus belle du monde, et sa valeur serait inestimable.

Au jour de son couronnement, le souverain présidant aujourd'hui aux destinées de l'empire siamois sut montrer le grand cas qu'il faisait des Européens présents à Bangkok. Missionnaires, consuls, négociants furent invités à venir lui présenter leurs hommages. Dans les salles d'attente, de nombreux valets apportaient sur de riches plateaux d'or et d'argent des glaces, des sorbets, des rafraîchissements et des pâtisseries de toutes sortes. Le roi, debout sur les degrés du trône, reçut les salutations des résidents, et, après le défilé qui se fit dans l'ordre le plus parfait, il vint tendre la main à l'évêque et aux consuls, sachant trouver pour chacun des mots pleins de tact et d'à-propos. Avant de se retirer, il invita gracieusement l'assemblée à se rendre sur l'esplanade pour y voir un magnifique feu d'artifice. Des places d'honneur étaient réservées, les rafraîchissements et les pâtisseries (1) circulèrent de nouveau dans les rangs. A l'issue du feu d'artifice, un dîner princier attendait les invités : dignitaires indigènes et européens. Sa Majesté présida le repas servi à la française. Des médailles commémoratives du couronnement furent distribuées, et le roi donna l'ordre de l'Éléphant blanc, qu'il venait de fonder, à plusieurs personnes qu'il désirait honorer plus spécialement. Comme on le voit, tout se fit grandement, somptueusement même. Les fêtes populaires furent splendides. Les illuminations spontanées que Sa Majesté daigna visiter lui montrèrent combien elle était aimée de son peuple et des résidents étrangers

(1) Le roi avait fait venir de Suisse des confiseurs et des pâtissiers de renom. (Note de l'auteur.)

qui tous rivalisèrent de zèle dans cette démonstration patriotique.

Jeune, bien fait, le nouveau roi a le port majestueux sans affectation, la parole facile et le sourire sur les lèvres. Il se laisse voir et approcher facilement. S'il continue, il sera le souverain le plus populaire de l'Orient. Parlant l'anglais avec assez de facilité, il engage volontiers la conversation avec les Européens qu'il estime et dont il apprécie le talent et le savoir-vivre. Passionné pour nos découvertes récentes, il fait son possible pour entraîner son peuple dans la voie du progrès. Peut-être faudrait-il lui reprocher de marcher un peu trop vite en ce sens; mais c'est un défaut de jeunesse qui passera avec l'âge, le meilleur maître pour apprendre à juger sainement les hommes et les choses, puisque c'est lui qui donne l'expérience.

Plusieurs jours après la cérémonie du couronnement, il est d'usage que le roi se montre à son peuple, en faisant le tour de la ville une fois par terre et un jour par eau. La promenade solennelle sur le fleuve ressemble tout à fait à une procession. Dans son parcours sur terre elle est pleine d'intérêt pour l'Européen, tant à cause de l'originalité des costumes que de leur variété. C'est une immense cavalcade où tous les ordres du royaume sont représentés. Le roi, revêtu des ornements les plus somptueux, est porté sur un palanquin d'une richesse incomparable, suivi des princes de sa famille à cheval, tous coiffés de vieux chapeaux mousquetaires oubliés par les ambassadeurs de Louis XIV. Après les princes du sang viennent les grands mandarins avec leur suite, les ministres et leurs subalternes, les représentants accrédités des pays qui ne sont pas européens, à savoir : les Chinois, avec leurs superbes costumes de mandarins; les Parsis, avec leur coiffure symbolique; les Malais et les mahométans, avec leurs marabouts; les Xieng, les Mon, les Laotiens, les Pégouans, portant les arbres d'or et d'argent qu'ils payent comme tributaires; les talapoins, avec leur costume jaune; les conques, les gon-gong et les tamtam, alternant avec les fanfares du Vangna, du Kalahome et du premier roi; enfin la troupe défilant en ordre, l'étendard au vent et les baïonnettes au soleil. Cette promenade, nommée *Eiebmûang*, n'a lieu seulement qu'aux solennités du couronnement.

III

LA MORT D'UN ROI

A Siam, la mort du roi est un deuil public (1), et, quelque prospère ou désastreux qu'ait été son règne, le roi défunt est toujours un

(1) Voir sur les funérailles siamoises en général l'important ouvrage de sir John Bowring, *The Kingdom and people of Siam.* (Londres, 1857, 2 vol. in-8°.)

grand, je ne dis pas assez, un saint personnage. Cette loi dans la

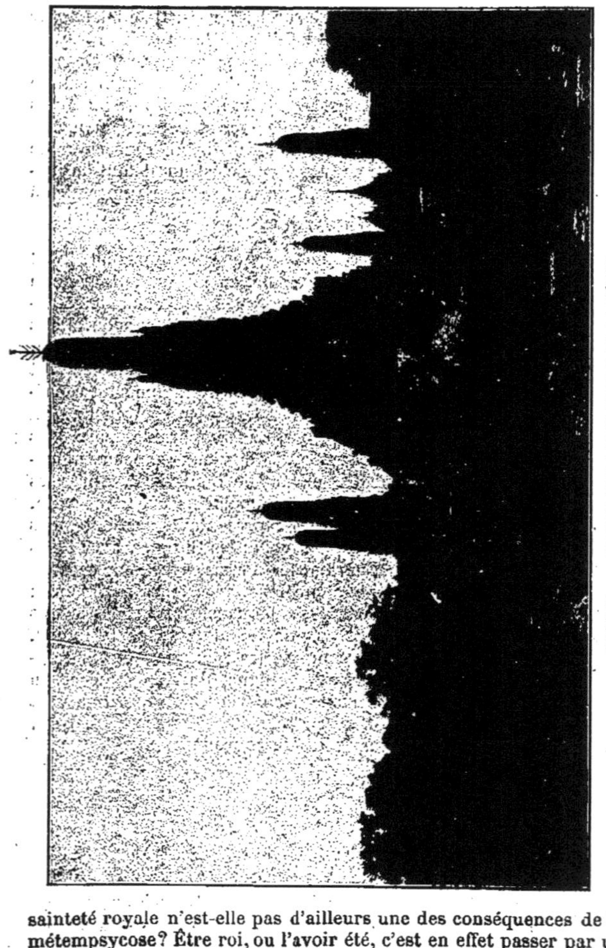

BANGKOK. — TEMPLE DE LA RIVE DROITE DE LA MÉNAM.

sainteté royale n'est-elle pas d'ailleurs une des conséquences de la métempsycose? Être roi, ou l'avoir été, c'est en effet passer par un des degrés les plus élevés de la migration des âmes.

LE PALAIS ROYAL A BANGKOK.

Aussi longtemps qu'il est possible, on laisse ignorer au peuple la perte qu'il vient de faire, et ce n'est que lorsque toutes les mesures sont prises pour assurer au successeur légitime son avènement au trône, qu'il est permis de publier la fatale nouvelle. La mesure est sage, et par ce moyen on évite bien des intrigues et peut-être des révolutions. Dès que l'on connaît officiellement la mort du roi, le deuil est de rigueur. Il consiste à se raser la tête. Les femmes doivent le faire aussi bien que les hommes. C'était du moins l'ancienne coutume. Depuis, le roi actuel ayant permis de remplacer l'espèce de brosse que portaient les Siamois par une chevelure complète, j'ignore ce qui se passera lors de sa mort et si son successeur ne reviendra pas aux antiques traditions. Quoi qu'il en soit, les chrétiens, de temps immémorial, ont été dispensés de se raser la tête. Pour les femmes catholiques laissant pousser leurs cheveux, c'eût été exiger un sacrifice bien pénible.

Quand la mort est bien constatée, on momifie le roi jusqu'à dessiccation complète et on lui place sur le visage un masque d'or. Il est transporté ensuite au *mahà-prasatr* ou pagode des ancêtres royaux. Là on le place, accroupi, les mains jointes, dans une urne colossale d'or massif, richement ciselée, d'une forme élégante et ornée d'une infinité de pierres précieuses, parmi lesquelles il y en a dix qui, selon les rites, symbolisent les dix attributs de Bouddha. Devant l'urne on dépose la couronne, le sceptre, l'épée, la coquille du sacre, les cassettes précieuses et en général tous les objets de valeur dont Sa Majesté vivante avait coutume de se servir. Chaque jour, on apporte également sur des plateaux d'or la nourriture du roi, l'arec et le bétel. En un mot, l'on rend au roi défunt les mêmes honneurs, les mêmes services que de son vivant, et l'étiquette est observée de point en point dans les appartements royaux. Il doit en être ainsi jusqu'au jour où le feu aura complètement anéanti ce qui reste de Sa Majesté.

Je fus un jour admis à visiter le *mahà-prasatr* pendant qu'on y conservait le roi Mongkhut et demeurai surpris de voir rendre tant d'hommages à un mort. Le service du dîner royal fut sans contredit ce qui m'étonna le plus. Dans une salle voisine, des talapoins priaient jour et nuit. Ils avaient devant eux de l'arec et de l'eau pour se distraire et boire de temps en temps. En nous voyant entrer, ils se voilèrent le visage de leurs talapats. Les femmes du harem mêlaient leurs sanglots plus ou moins sincères au rythme monotone des prières des bonzes.

On conserve environ pendant un an, quelquefois plus longtemps le corps du feu roi; tout cet intervalle est employé à élever le palais de la crémation. Ce palais, tout de bambou, n'en est pas moins d'un pittoresque grandiose et mignard à la fois, qui défie toute description. Le plus souvent, l'ensemble des constructions rappelle le mont Méru, le roi des monts qui, d'après les livres sacrés du bouddhisme, est entouré de sept rangées de montagnes, d'îles nombreuses, et dont le pied repose sur une autre montagne à trois sommets, demeure des génies et des géants et nommée *Asura-phipob*. L'imagination des Siamois, vive et féconde comme celle de tous les Orientaux en général, a beau champ pour se déployer à son aise et créer ces décorations fantastiques, innombrables, auprès desquelles pâlissent celles de nos plus belles fêtes d'Europe.

Les flancs de ce Méru sont ornés de kiosques charmants, vrais bijoux d'architecture d'opéra; des forêts en miniature cachent sous leurs ombrages de papier peint des fleurs ravissantes, des monstres aux formes bizarres, des griffons fabuleux, des géants, des *thevada* et tout l'Olympe siamois. Des milliers d'hommes, pendant un an, découpent, collent, confectionnent avec l'or, l'argent, le clinquant, les papiers peints, toutes ces merveilles, sous les ordres d'architectes et d'artistes d'un grand talent. Dans les décorations intérieures brille ce luxe oriental qui nous est inconnu, où l'or repoussé au marteau, où les pierreries vraies et le brocart rivalisent de splendeur et d'éclat. Rien n'égale la richesse immense du dôme destiné à abriter le bûcher. D'autres esclaves, ceux des provinces, sont envoyés dans les forêts les plus profondes pour y abattre les arbres les plus beaux et les plus élevés.

C'est sur une grande place, à gauche du palais du premier roi, que l'on bâtit toutes ces merveilles. Tout autour du monument principal destiné à la crémation du roi Mongkhut, le roi actuel, voulant faire dignement les choses, avait fait construire des restaurants et des cafés. Les restaurants étaient pour l'usage des mandarins qui devaient venir des provinces les plus éloignées rendre un suprême hommage au feu roi. Tous se rendirent à Bangkok pour remplir ce devoir. Seuls les rois du Laos et de Xieng-Mai n'y vinrent pas, mais ils envoyèrent des représentants chargés de présents magnifiques. Les cafés étaient destinés aux résidents européens, consuls et négociants.

On y servait gratis toute consommation à la convenance d'un chacun. Le champagne coula à flots pressés. De véritables cerbères gardaient l'entrée de ces cafés pour enlever aux faux Européens la tentation de faire aux frais de la couronne de trop copieuses libations. Des tentes avaient été dressées pour abriter les talapoins, afin de les encourager à venir en grand nombre réciter les prières prescrites par les rites pendant la semaine précédant la crémation.

Quand est venu le moment solennel, on fait une grande procession dans laquelle on promène l'urne du roi mort. Pendant toute la semaine, le peuple se livre aux jeux publics. Les éléphants royaux, richement caparaçonnés, sont de la partie et circulent majestueusement au milieu de la foule. Avez-vous vu quelquefois les enfants à la sortie d'un mariage riche, se précipiter à la porte d'une église pour essayer de recueillir un misérable sou parmi ceux qu'on leur jette? La même chose a lieu quand le nouveau roi, monté sur un éléphant, traverse les rangs de son peuple, jetant à droite et à gauche des limons et des citrons dans lesquels sont enfermés non des billets de loterie, mais des bons à valoir sur le trésor, et représentant soit une valeur réelle en argent monnayé, soit une barque, une maison, une terre, etc. L'heureux mortel qui peut, dans la foule houleuse et pressée, ramasser un de ces fruits, l'ouvre et présente son billet au trésorier du palais qui lui donne, séance tenante, la valeur numérique fixée ou l'objet indiqué. Malheureusement l'empressement est tel et la foule si compacte que ce jeu royal n'est pas sans donner lieu à de regrettables accidents. Pour ne pas exposer les Européens, dont la dignité d'ailleurs ne permettrait pas cette promiscuité, le roi, par gracieuseté, leur donne de la main à la main de jolis cadeaux d'un grand prix. Ce sont d'ordinaire : des buffles, des éléphants, des animaux monstrueux d'or massif de la grosseur d'un moyen jouet d'enfants. Si Sa Majesté ne rencontre pas sur son passage les personnes qu'elle veut honorer, elle fait porter chez elles ces mêmes présents. Elle agit ainsi envers les consuls et les négociants notables de la place.

Chaque soir, on tire des feux d'artifice d'une merveilleuse beauté. Les Siamois emploient, pour les fabriquer, les Chinois qui sont peut-être les premiers artificiers du monde. Les badauds passent les nuits à admirer les acteurs jouant sur de nombreux théâtres dressés à l'occasion de cette fête. Enfin, le dernier jour, a lieu la crémation proprement dite. Le roi régnant a seul le droit de mettre le feu au bûcher tout de bois précieux et parfumés. Il se sert d'un feu allumé par la foudre et religieusement entretenu à cet effet. Les cendres du roi sont ensuite transportées avec pompe dans le *mahà-prasatr,* le Saint-Denis des rois de Siam, si je puis m'exprimer ainsi. Là l'on ne voit pas de mausolées funéraires, de tombeaux de marbre, comme dans l'antique basilique : avec la cendre des rois et un peu d'argile, les Siamois ont pétri les statues de leurs rois.

IV

LES JEUX POPULAIRES

Les Siamois sont de grands enfants vivant pour la plupart au jour le jour, sans souci du lendemain. Ils sont d'un caractère enjoué et aiment les amusements de toutes sortes. Les enfants se font des jouets avec des riens. Ils jouent, comme nos enfants d'Europe : à la toupie, à saut de mouton, à colin-maillard, au palet, etc.

VUE D'ENSEMBLE DU PALAIS D'ÉTÉ

C'est pour eux un grand bonheur de faire lutter des animaux, des poissons et des insectes. Le cerf-volant est un des jeux siamois les plus intéressants. En France, nous sommes, comparativement aux Chinois et aux Siamois, dans l'enfance de l'art pour fabriquer ces gracieux appareils et les lancer dans les airs. Les leurs affectent toutes les formes; c'est tantôt une étoile avec une queue à rendre jalouse une comète, tantôt un oiseau aux ailes déployées et aux couleurs chatoyantes, un gracieux papillon comme le *machaon* ou le lourd bombix ventru, une chauve-souris ou un dragon fantastique.

D'autres scènes, plus cruelles et plus sanglantes, captivent passionnément les Siamois. Ce sont les combats de tourterelles et les luttes de coqs. Dans l'Indo-Chine et la presqu'île malaise, on élève beaucoup de coqs de bataille, et un de ces oiseaux bien dressé peut valoir jusqu'à 100 francs. L'éducation d'un coq est tout un entraînement, et ces jeux ont pour les indigènes une grande attraction. Jadis, le roi défendit ces sortes de luttes cruelles; mais depuis nombre d'années elles ont lieu en public, et la prohibition est demeurée lettre morte.

Chaque tripot, à quelques exceptions près, a son arène pour les combats de coqs. C'est un grand hangar ouvert de tous côtés et recouvert seulement d'un toit pour protéger les spectateurs contre la pluie et les ardeurs du soleil. Au milieu se trouve l'arène proprement dite, qui n'est autre qu'une palissade circulaire de bambous haute d'un pied environ. Un cirque en miniature. On ne fait jamais lutter que deux coqs à la fois. Le vaincu doit payer au propriétaire du coq vainqueur l'enjeu convenu; ce qui n'empêche nullement les spectateurs de faire entre eux de nombreux paris. Il est rare que la lutte se prolonge jusqu'à la mort de coq, car on reconnaît le vaincu quand il prend la fuite et renonce au combat. Il arrive néanmoins que des coqs d'humeur extra-belliqueuse luttent jusqu'à la mort, qui se produit par une apoplexie. Pendant le combat, ces volatiles deviennent pourpres; leur poitrine nue est écarlate, leur crête s'enflamme, les yeux s'injectent de sang, les jugulaires se gonflent et la colère atteint son paroxysme. Pour faire revenir promptement un coq quand il a lutté vaillamment, on lui passe dans la gorge une plume mouillée et on lui lave les yeux et la tête. Avant et après le combat, chaque propriétaire tient son champion sous le bras, c'est une position que le batailleur semble affectionner. Dans l'ardeur de la lutte un coq perd quelquefois un œil, d'autres fois les deux yeux. Il devient alors inutile; on ne peut même pas le manger, car la chair est si rouge et si coriace qu'il faut avoir une faim canine pour oser l'entamer de sang-froid.

Quand un batailleur est trop vieux, son maître l'abandonne dans une pagode où il finit tranquillement ses jours en regrettant, sans doute, les gloires de ses jeunes ans (1).

***

Aucun divertissement n'est autant goûté que les représentations théâtrales appelées *lakhon* ou comédies siamoises, par opposition aux comédies chinoises nommées *ngiu*.

Tous les acteurs et actrices sont des esclaves appartenant à un impresario qui a payé aux parents la *dette des enfants* (2), et des jeunes personnes chez qui il a cru reconnaître certaines aptitudes dramatiques. Au besoin, il a en main un moyen énergique de les dresser promptement, c'est le rotin, dont les coups administrés à propos font entrer le génie dans les têtes les plus dures. Les acteurs sont le bien du barnum, sa chose privée; ils doivent rester chez lui jusqu'à ce qu'ils aient payé leurs dettes ou que quelques parents aisés aient versé leur rançon. Le contrat de vente lui donne des droits terribles, comme celui de revendre acteurs et actrices à d'autres maîtres, de les mettre aux fers, etc., et ne l'oblige à fournir que la nourriture et le vêtement. Tous les bénéfices sont pour lui.

Le théâtre des *lakhon* est d'ordinaire un hangar d'une maison de jeu. De décors il n'en est point question. Le costume des acteurs est toujours le même; les masques varient fort peu également; ils représentent les figures légendaires des héros et des dieux dont on trouve la description dans les livres bouddhistes. Le singe vert et le singe noir apparaissent souvent sur la scène. La troupe se compose presque invariablement de deux acteurs et de cinq ou six actrices. Le costume de ces dernières est très décent. Jamais elles ne se masquent, comme les acteurs; en revanche, elles se maquil-

(1) Aux combats de coqs il faut ajouter ceux de chiens, de fourmis et de poissons. Ces derniers sont extrêmement curieux. Il existe au Siam une espèce particulière de petits poissons rouges d'une nature très belliqueuse, et qui s'attaquent entre eux avec furie; quand un de ces poissons s'aperçoit dans une glace, il se précipite avec rage contre elle la tête la première. Pour faire battre ces poissons, on les tient séparés pendant un certain temps, puis on en met deux ensemble, soit dans un vase rempli d'eau, soit dans une large bouteille, et aussitôt on les voit s'élancer l'un sur l'autre, se déchirant les nageoires et faisant sauter leurs écailles, et cela, jusqu'à ce qu'il y en ait un hors de combat. (C. S.)

(2) L'esclavage est entré, au Siam, à tel point dans les mœurs que les esclaves y forment au moins le tiers de la population. Ils se divisent en deux classes : 1° les captifs ou prisonniers de guerre; 2° les esclaves ordinaires, c'est-à-dire ceux qui ont été obligés de se vendre eux-mêmes pour vivre et payer leurs dettes ou ceux qui ont été vendus par leurs pères et mères dans leur bas âge. Les esclaves ordinaires peuvent, il est vrai, se racheter, soit en payant leurs dettes, soit en donnant une rançon dont le taux est fixé par le gouvernement. Mais ce rachat est difficile, car l'esclave ne reçoit aucun salaire, et son travail n'est considéré que comme l'intérêt de sa dette. Il faut, dans ces conditions, des circonstances exceptionnelles pour lui permettre de recouvrer sa liberté. (C. S.)

lent avec art — *Nihil novi sub sole,* — et elles s'arment les doigts d'ongles démesurément longs. Leur tête est coiffée d'un bonnet haut et pointu, simulant une couronne conique et pyramidale; la jugulaire ressemble à de longues oreilles. Le tout est en clinquant. La poitrine est ornée de colliers.

A la troupe des acteurs se joint ordinairement une bande de musiciens dont les instruments sont : les cliquettes, le tambourin et un instrument de forme ronde armé de cymbales en cuivre que l'on frappe avec un petit marteau comme l'harmonica. Les comédiens laotiens ont en outre un orgue de bambou dont les sons ne sont pas dépourvus d'harmonie. Les acteurs et les actrices n'ont pas d'autres thèmes que la vie des héros anciens. Les rôles en langage pali mêlé de sanscrit sont débités sur un rythme cadencé, accompagné d'une pantomime originale. Tout le monde peut assister à ces représentations qui durent d'ordinaire, y compris les entr'actes, un jour et une nuit. Malheureusement, ces drames ne prêtent rien à l'illusion, et pour ajouter au réalisme les actrices se maquillent devant les spectateurs, ôtent leurs couronnes quand elles ont trop chaud, et, le rôle débité, vont s'asseoir dans un coin du théâtre.

Similien Chevillard.

LES PRINCES ROYAUX DE SIAM.

www.ingramcontent.com/pod-product-compliance
Ingram Content Group UK Ltd.
Pitfield, Milton Keynes, MK11 3LW, UK
UKHW021035200726
13857UKWH00004B/1725